Public Library District of Columbia

¿Qué es el tiempo?

Bobbie Kalman

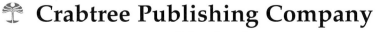

Crabtree Publishing Company

www.crabtreebooks.com

Creado por Bobbie Kalman

Dedicado por Kelley Wright
Para Oliver y Simon Regier: "La única razón por la que existe el tiempo es para que no todo suceda de una sola vez".

Autora y editora en jefe
Bobbie Kalman

Editora
Kathy Middleton

Correctora
Crystal Sikkens

Investigación fotográfica
Bobbie Kalman
Crystal Sikkens

Diseño
Bobbie Kalman
Katherine Berti
Samantha Crabtree (logotipo y portada)

Coordinadora de producción
Katherine Berti

Consultor lingüístico
Dr. Carlos García, M.D., Maestro bilingüe de Ciencias, Estudios Sociales y Matemáticas

Ilustraciones
Barbara Bedell: página 10 (flor)
Bonna Rouse: página 5
Margaret Amy Salter: página 10 (mariposas)

Fotografías
© iStockphoto.com: página 13 (parte superior izquierda)
© Shutterstock.com: Todas las otras imágenes

Traducción
Servicios de traducción al español y de composición de textos suministrados por translations.com

Library and Archives Canada Cataloguing in Publication

Kalman, Bobbie, 1947-
 ¿Qué es el tiempo? / Bobbie Kalman.

(Observar la naturaleza)
Includes index.
Translation of: What time is it?
ISBN 978-0-7787-8703-7 (bound).--ISBN 978-0-7787-8742-6 (pbk.)

 1. Time--Juvenile literature. 2. Seasons--Juvenile literature.
I. Title. II. Series: Kalman, Bobbie, 1947- . Observar la naturaleza.

QB209.5.K3518 2010   j529   C2009-902452-7

Library of Congress Cataloging-in-Publication Data
Kalman, Bobbie.
 [What time is it? Spanish]
 ¿Qué es el tiempo? / Bobbie Kalman.
  p. cm. -- (Observar la naturaleza)
 Includes index.
 ISBN 978-0-7787-8703-7 (reinforced lib. bdg. : alk. paper) -- ISBN 978-0-7787-8742-6 (pbk. : alk. paper)
 1. Time--Juvenile literature. 2. Seasons--Juvenile literature. I. Title. II. Series.

QB209.5.K3518 2010
529--dc22   2009016824

Crabtree Publishing Company

www.crabtreebooks.com   1-800-387-7650

Publicado en Canadá
Crabtree Publishing
616 Welland Ave.
St. Catharines, Ontario
L2M 5V6

Publicado en los Estados Unidos
Crabtree Publishing
PMB16A
350 Fifth Ave., Suite 3308
New York, NY 10118

Publicado en el Reino Unido
Crabtree Publishing
White Cross Mills
High Town, Lancaster
LA1 4XS

Publicado en Australia
Crabtree Publishing
386 Mt. Alexander Rd.
Ascot Vale (Melbourne)
VIC 3032

Contenido

¿Qué es el tiempo?

Nos despertamos por la mañana. El sol está en el cielo. ¿Qué momento es? Es de día y es hoy. Cuando nos fuimos a dormir anoche fue ayer. Esta noche nos iremos a dormir otra vez. Cuando nos despertemos al día siguiente, será mañana. Haz una lista con todas las palabras de esta página que hablan del tiempo.

Desayunamos por la mañana.

Nos vamos a dormir de noche.

4

Cuando el sol brilla
en esta parte de la
Tierra, es de día.

Esta parte de la Tierra
no recibe luz solar.
Aquí es de noche.

Palabras del tiempo:

mañana, día, noche, hoy,

esta noche, ayer, mañana,

anoche, el día siguiente

¿Qué hora es?

¿Qué hora es? ¿Cómo sabemos qué hora es? Para saber la hora, usamos los **relojes**. Algunos relojes son redondos como este. Tienen manecillas que nos indican la hora, los minutos y los segundos. ¿Qué hora indica este reloj?

Para saber qué hora es, nos ponemos relojes de pulsera.

minutero

segundero

horario

Son las 5:01 con 11 segundos.

6

Algunos relojes son **digitales**. Los relojes digitales usan **dígitos** o números para indicar la hora.

reloj digital

¿Cuál es el reloj que nos despierta?
¡El **reloj despertador**!

*Este niño usa una computadora pequeña llamada **asistente personal digital** para saber qué hora es.*

¿Qué hora indica este niño?
Sus manos indican las cuatro menos diez.

January
S	M	T	W	T	F	S
				1	2	3
4	5	6	7	8	9	10
11	12	13	14	15	16	17
18	19	20	21	22	23	24
25	26	27	28	29	30	31

February
S	M	T	W	T	F	S
1	2	3	4	5	6	7
8	9	10	11	12	13	14
15	16	17	18	19	20	21
22	23	24	25	26	27	28

March
S	M	T	W	T	F	S
1	2	3	4	5	6	7
8	9	10	11	12	13	14
15	16	17	18	19	20	21
22	23	24	25	26	27	28
29	30	31				

April
S	M	T	W	T	F	S
			1	2	3	4
5	6	7	8	9	10	11
12	13	14	15	16	17	18
19	20	21	22	23	24	25
26	27	28	29	30		

May
S	M	T	W	T	F	S
					1	2
3	4	5	6	7	8	9
10	11	12	13	14	15	16
17	18	19	20	21	22	23
24	25	26	27	28	29	30
31						

June
S	M	T	W	T	F	S
	1	2	3	4	5	6
7	8	9	10	11	12	13
14	15	16	17	18	19	20
21	22	23	24	25	26	27
28	29	30				

Un año de tiempo

¿Qué día, semana o mes es?
Los calendarios indican las
semanas, los meses o el año
entero de una sola vez.
¿Cuántos días hay en una semana?
¿Qué mes tiene 28 días?
¿Qué meses tienen 30 días?
¿Qué meses tienen 31 días?
¿Cuántos días hay en un año?
¿Sabías que en un año hay 365 días?

July
S	M	T	W	T	F	S
			1	2	3	4
5	6	7	8	9	10	11
12	13	14	15	16	17	18
19	20	21	22	23	24	25
26	27	28	29	30	31	

August
S	M	T	W	T	F	S
						1
2	3	4	5	6	7	8
9	10	11	12	13	14	15
16	17	18	19	20	21	22
23	24	25	26	27	28	29
30	31					

September
S	M	T	W	T	F	S
		1	2	3	4	5
6	7	8	9	10	11	12
13	14	15	16	17	18	19
20	21	22	23	24	25	26
27	28	29	30			

October
S	M	T	W	T	F	S
				1	2	3
4	5	6	7	8	9	10
11	12	13	14	15	16	17
18	19	20	21	22	23	24
25	26	27	28	29	30	31

November
S	M	T	W	T	F	S
1	2	3	4	5	6	7
8	9	10	11	12	13	14
15	16	17	18	19	20	21
22	23	24	25	26	27	28
29	30					

December
S	M	T	W	T	F	S
		1	2	3	4	5
6	7	8	9	10	11	12
13	14	15	16	17	18	19
20	21	22	23	24	25	26
27	28	29	30	31		

En un calendario podemos
marcar días especiales,
como los cumpleaños.
¿Qué días especiales
quieres recordar?
¿Marcas las fechas
de tus juegos deportivos?

¿Escribes un **diario** todos los
días? ¿Sobre qué escribes?

¡No olvides el Día de la Madre!

¿Sabes qué días cumplen años tus mejores
amigos? ¿Qué les regalarás?

Las estaciones

También las *estaciones* nos indican el tiempo. En muchas partes del mundo hay cuatro estaciones. Las estaciones son primavera, verano, otoño e invierno. Cada estación dura alrededor de tres meses. Cada una tiene un *clima* distinto. El clima es la cantidad de luz solar, lluvia o nieve, viento y calor de una zona.

¿En qué estación comienzan a aparecer las flores?

Los días comienzan a tener más luz solar y el clima se vuelve más cálido. Las plantas comienzan a tener hojas nuevas y flores. ¿Sabes qué estación es? Las plantas y los animales saben que es la primavera.

huevos de rana

Las ranas se despiertan de su sueño invernal y ponen huevos.

Muchas crías de animales nacen en la primavera. Estos corderos acaban de nacer. Su madre los está limpiando.

¡Es verano!

Las frutas y verduras crecen más en el verano. Algunas verduras y frutas están *maduras* o listas para que las comamos. Otras frutas *maduran* al final del verano. Las manzanas y peras maduran casi al final del verano.

Las crías de animales que nacieron en primavera ya han crecido cuando llega el verano. Sus madres les muestran dónde encontrar alimento.

Estas crías de alce aprenden qué plantas pueden comer.

*Este **osezno** está llorando. ¡Necesita a su madre!*

Estas crías de cerdo y su madre buscan alimento en un campo. ¡Sigan a la líder!

¿Es otoño?

¿Qué estación llega después del verano? ¡El otoño! Los días comienzan a tener menos luz solar. Cuando hay menos luz solar, hace más frío. Las hojas de los árboles cambian de color. Se secan y pronto caerán de las ramas. ¿Qué colores ves en el otoño?

¿Los animales reconocen el tiempo? El otoño es la época en que algunos animales duermen profundamente. Este sueño se llama *hibernación*. Otros animales *migran* a lugares con inviernos cálidos. Migrar es irse a otro lugar. La cantidad de luz solar les indica a los animales cuándo tienen que hibernar o migrar.

¿Qué momento es este? Es el momento de que este ganso de Canadá migre antes de que llegue el invierno.

¿Qué momento es este? Es el momento de que algunas mariposas monarca migren.

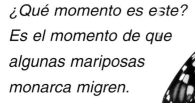

¿Qué momento es este? Es el momento de que este lirón vaya a dormir.

¡Es invierno!

¿Cuándo duerme la naturaleza? ¡En invierno!
Los días de invierno tienen mucha menos luz
solar. En muchos lugares, el suelo se cubre de
nieve y hielo. El invierno es la época más fría
del año. Las plantas y muchos animales
duermen en invierno. Para otros animales
es difícil conseguir alimento.

Estos caballos salvajes encontraron pasto bajo la nieve para comer.

Este cardenal busca
semillas para comer.

Esta ardilla encontró
una nuez en la nieve.

A este zorro rojo le creció un pelaje cálido y
una cola gruesa para el invierno.

17

Tu estación favorita

¿Cuál es tu estación favorita? ¿La primavera, el verano, el invierno o el otoño? Escribe un cuento o poema acerca de tu momento favorito del año, o haz un dibujo de tu estación favorita.

Escribe un cuento sobre tu Noche de brujas o Navidad favorita.

Cuenta cómo fue tu mejor verano.

¿Cuál fue el muñeco de nieve más grande que hiciste?

Pinta o dibuja las flores de primavera.

19

Hace mucho tiempo

¿Qué época fue **hace mucho tiempo**? ¿Fue hace diez años, cien años, mil años o millones de años? Estas imágenes muestran épocas de la **historia**. La historia es lo que ocurrió en el **pasado**. Es lo que ocurrió hace mucho tiempo. Adivina hace cuánto tiempo ocurrió lo que muestra cada imagen.

¿Los dinosaurios vivieron hace décadas, cientos, miles o millones de años?

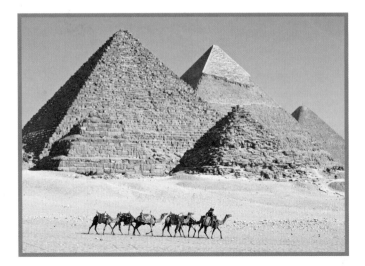

¿Cuántos años tienen estas **pirámides** de Egipto? Las pirámides son construcciones con paredes en forma de triángulos.

¿Este niño nació hace mil años?

¿Cuándo montaban caballos los soldados llamados **caballeros**? ¿Fue hace diez años?

Respuestas:

Los dinosaurios vivieron hace millones de años. Las pirámides tienen miles de años. Los caballeros vivieron hace cientos de años. Este niño nació aproximadamente hace diez años.

21

El presente es un regalo

El pasado es lo que ocurrió la semana pasada, el mes pasado, el año pasado y muchos años antes. El pasado también puede haber sido hace sólo unos minutos, pero ahora ya no está. El **futuro** todavía no ha llegado. Es algo que ocurrirá mañana, la semana próxima, el año próximo y dentro de muchos años. Solo el **presente** está aquí y ahora. Es un regalo. ¿Por eso lo llamamos "presente"? ¿Qué estás haciendo con tu presente?

¿Qué puedes hacer ahora mismo? Puedes ser un buen amigo. Puedes ser amable con todas las personas.

¿Qué momento es este? Es el maravilloso presente. El presente es el único momento para ser felices. Haz una gran sonrisa y contagiarás tu alegría a los demás. Este es un momento maravilloso y el ahora es el momento perfecto.

Palabras para saber e índice

calendarios (los)
páginas 8–9

hace mucho tiempo
páginas 20–21

hibernación (la)
página 15

invierno (el)
páginas 10, 11,
15, 16, 17, 18

migración (la)
página 15

otoño (el)
páginas 10,
14, 15, 18

primavera (la)
páginas 10, 11,
13, 18, 19

Otras palabras

año (el) páginas 8, 20, 21, 22

ayer (el) páginas 4, 5

clima (el) páginas 10, 11

día (el) páginas 4, 5, 8, 9,
11, 14, 16

estaciones (las) páginas
10–19

futuro (el) página 22

historia (la) página 20

hoy (el) páginas 4, 5

mañana (el) páginas 4,
5, 22

mes (el) páginas 8, 10, 22

pasado (el) páginas 20, 22

presente (el) páginas 22–23

semana (la) páginas 8, 22

relojes (los)
páginas 6–7

**relojes de
pulsera (los)**
página 6

verano (el)
páginas 10, 12,
13, 14, 18, 19

Impreso en China — CT